COMPAGNIE DE MADAGASCAR

RAPPORT

DU GOUVERNEUR

AU CONSEIL D'ADMINISTRATION

COMPAGNIE DE MADAGASCAR

RAPPORT

DU GOUVERNEUR

AU CONSEIL D'ADMINISTRATION

SUR LA FONDATION DE LA COMPAGNIE

ET SUR L'ORGANISATION DE LA MISSION D'EXPLORATION

MESSIEURS,

Nous avons envoyé à Madagascar une mission d'exploration. En retraçant ici les circonstances qui ont décidé le premier acte de l'œuvre que nous avons entreprise en commun, et qui sera le point de départ de nos opérations futures, permettez-moi de saisir cette occasion pour rappeler en quelques mots quelle a été notre origine.

Si le décret impérial du 2 mai dernier est la date de l'existence officielle de notre Compagnie, ce décret a été, pour ainsi dire, le couronnement de quelques faits antérieurs qui l'expliquent et lui donnent sa véritable signification.

Il ne sera pas inutile, pour comprendre le caractère fondamental de notre entreprise, de constater quel était l'état des relations entre la France et Madagascar au moment où notre Compagnie a été créée. Nous devons tirer de l'expérience du passé des leçons qui servent à éviter les écueils où se sont brisés les efforts de nos prédécesseurs. En marquant la différence qui sépare notre œuvre des tentatives antérieures nous déterminerons avec netteté le but et le caractère de la nouvelle Compagnie de Madagascar.

Notre entreprise doit être essentiellement pacifique et civilisatrice pour rester en harmonie avec l'esprit et les idées du temps, et répondre à la haute pensée qui en a eu l'initiative.

L'ancienne royauté songea sérieusement, dès 1642, à fonder un grand établissement à Madagascar. L'idée de conquérir le pays, pour le coloniser ensuite, inspira seule les efforts successifs tentés depuis cette époque jusqu'à nos jours. Les récits des voyageurs, les rapports des officiers de terre et de mer et des administrateurs envoyés à Madagascar par la métropole constatèrent la richesse et la puissance de production de l'île, et les premiers succès montrèrent la possibilité d'en tirer largement parti.

Mais l'insuffisance des mesures prises, l'éloignement de Madagascar où l'on n'abordait jadis qu'en doublant à la voile le cap de Bonne-Espérance, les agitations de la mère patrie, les variations de la politique, l'instabilité de vues qu'elles amenaient, les fautes, les antagonismes déplorables des administrateurs et des autres chefs de nos colonies, empêchèrent chaque fois la vieille France de prendre pied d'une manière durable dans ce pays.

En même temps, l'esprit de haine contre les étrangers, qui, notamment depuis les trente dernières années, inspira seul la politique du gouvernement hova, rendit encore les rapports plus difficiles avec Madagascar. Et, comme si ce n'était pas assez de ces causes d'insuccès, les rivalités des résidents anglais créèrent à nos agents de nouvelles sources de difficultés.

Telle était la situation lorsque la mort de la reine Ranavolo, le 18 août 1861, fit monter sur le trône de Madagascar un prince aussi humain, aussi libéral que son prédécesseur l'était peu, un prince déjà remarqué pour sa bienveillance envers les étrangers, un désir passionné de faire participer son peuple aux bienfaits de la civilisation, et une vive sympathie pour la France. Dès ce moment, une ère nouvelle s'ouvrait pour les rapports de notre pays avec cette contrée.

L'Empereur, même avant la proclamation de l'Empire, avait reçu à l'Élysée des lettres du prince héritier de Madagascar qui lui demandait sa protection pour mettre un terme au désastreux gouvernement qui opprimait alors ce pays. Son attention avait donc été attirée de bonne heure vers cette grande terre où la France avait depuis longtemps acquis des droits, et qui, par la faute des hommes et le malheur des circonstances, demeurait improductive en dépit de sa fécondité naturelle, et complétement en dehors du mouvement commercial du monde malgré sa position privilégiée à l'entrée de l'océan Indien.

Reprendre, sur ce point, les errements des gouvernements antérieurs, même avec l'assentiment de la royauté indigène, c'était courir de nouveau le risque de rivalités malheureuses et engager, peut-être d'une manière grave, les forces et la politique de la France dans une entreprise lointaine, grosse de hasards et d'inconnu. D'un autre côté, l'intérêt de notre commerce maritime, et les offres éminemment avantageuses du prince héritier du trône à Madagascar, conseillaient fortement d'ouvrir à nos négociants des horizons plus étendus.

Jusqu'à ce moment la conquête avait été le seul moyen de colonisation tenté par nous à Madagascar : ce système n'avait abouti qu'à des insuccès, quelquefois à des désastres. Lors donc que se manifesta la nouvelle politique commerciale de la France en 1861, il fut aisé de reconnaître que l'heure était arrivée de substituer aux tentatives traditionnelles de domination politique l'unique influence de la civilisation par la paix, par le commerce et l'industrie. Les événements qui venaient de s'accomplir à Madagascar, en 1861, présentaient, pour cette nouvelle politique, des facilités inespérées ; et le gouvernement comprit qu'il y avait là tous les éléments d'une grande entreprise, utile à notre commerce, et au développement si nécessaire de nos intérêts maritimes.

Vous savez, en effet, Messieurs, comment M. Laborde, pendant trente années de séjour à Madagascar, avait conservé au nom français le respect des indigènes. Vous savez aussi comment le dévouement de M. Lambert au roi actuel, avant son avénement au trône, et les services qu'il lui avait rendus, avaient mérité à notre honorable compatriote l'amitié du successeur de la reine Ranavolo. Dès 1855, ce prince avait accordé à M. Lambert, qu'il avait reconnu comme son frère, selon les mœurs et les lois du pays, une charte qui lui conférait le privilége de l'exploitation des mines et des forêts, la propriété des terres incultes, et des immunités de toute nature. Et quand on pense que, sous les règnes précédents, quiconque eût découvert ou révélé l'existence d'une mine était condamné à mort, on peut mesurer par cette seule circonstance la distance qui sépare les idées du roi actuel des préjugés barbares de ses prédécesseurs.

Dans son ardeur à hâter la civilisation de son peuple, le prince héritier, quelques années avant la mort de la reine Ranavolo, avait été jusqu'à offrir la souveraineté de son royaume à la France, et avait demandé au moins le protectorat officiel de notre drapeau. Touché d'un dévouement si rare au bien de ses sujets qui suggérait au prince malgache la pensée d'un tel sacrifice, et désirant favoriser l'essor du commerce national, l'Empereur, qui avait refusé ces propositions plusieurs fois renouvelées, voulut néanmoins répondre d'une manière effective à ce noble appel.

Conséquent avec le refus exprimé itérativement de toute suprématie politique, le premier soin du gouvernement impérial fut de reconnaître officiellement le nouveau roi de Madagascar, lequel, en montant sur le trône, prit le nom de Radama II (reconnaissance qui n'avait jamais eu lieu de la part de la France), et de conclure avec lui un traité d'amitié et de commerce.

De son côté, Radama renouvelait, le 9 novembre 1861, la charte accordée précédemment à M. Lambert. Cette charte, transcrite sur parchemin le 12 septembre 1862, était de nouveau signée publiquement et solennellement par le roi le même jour, quelques instants après la signature du traité avec la France et cela en présence de M. le capitaine de vaisseau Dupré, chef de la mission française envoyée à Madagascar pour assister au couronnement de Sa Majesté malgache et d'une assembleée nombreuse d'autorités malgaches et de membres des missions française et anglaise.

Après que Radama eut signé la charte, dans tout l'appareil de la royauté, elle fut contre-signée par le ministre des affaires étrangères, par le commandant en chef des troupes et par le ministre de l'intérieur.

On rédigea en même temps un article additionnel associant et intéressant le roi aux bénéfices de l'entreprise, article paraphé par le roi Radama et ses ministres, en présence des mêmes personnes.

Enfin, ladite charte était visée et enregistrée à Tananarive, le 13 septembre 1862, au consulat de France et au consulat d'Angleterre, pour la certification de la signature du roi et de ses ministres. Une expédition certifiée par S. Exc. le Ministre des affaires étrangères de France, M. Drouyn de Lhuys, a été déposée aux archives de la Compagnie de Madagascar, à Paris.

Cette charte, ainsi revêtue de toutes les garanties usitées pour les actes les plus graves émanés d'un pouvoir souverain, est l'expression pratique et formelle du désir constant du roi Radama d'introduire la civilisation dans son royaume par des rapports directs entre les habitants du pays et les étrangers, et par la mise en valeur des richesses naturelles du sol dont le gouvernement précédent avait empêché l'exploitation. Le roi, par l'article additionnel, devient personnellement intéressé au succès, puisque, outre les avantages multiples qui résulteront pour le pays des travaux entrepris par la Compagnie, le dixième des revenus nets lui appartiendra.

Dans ces circonstances, voulant, à son retour à Paris, laisser au gouvernement français toute facilité pour répondre à l'appel du roi Radama, M. Lambert fit un entier abandon de sa charte entre les mains de l'Empereur.

La politique pacifique de Napoléon III vis-à-vis de Madagascar avait donc un point de départ précis et positif pour agir et se développer ; et cela au moment où la situation faite à l'industrie française, par le traité de commerce avec l'Angleterre, rendait plus urgente l'ouverture d'un nouveau débouché à notre commerce.

De là, Messieurs, l'idée de l'Empereur de créer, pour Madagascar, une Compagnie ayant pour base la charte de M. Lambert, mais une Compagnie purement commerciale, et étrangère à toute pensée de conquête et de domination politique.

Pour affirmer avec plus de force et de clarté le but exclusivement commercial de l'entreprise, la Compagnie, spontanément et de son plein gré, a refusé le droit de battre monnaie et celui de créer des établissements d'utilité publique, parce que ces droits sont partout un attribut de la souveraineté. Et, d'un autre côté, il a été décidé que l'accès de notre Société serait ouvert aux autres nations, à l'Angleterre en particulier, afin que le commerce européen tout entier pût prendre part aux résultats poursuivis. Telle a été l'origine, tel est le caractère de la Compagnie de Madagascar.

Le gouvernement comprit que notre entreprise, pour atteindre son but, avait besoin d'une haute garantie en rapport avec l'importance de ses futures opérations. Il voulut donc lui donner une marque visible et officielle de sa protection immédiate en nommant le gouverneur de la Compagnie. C'était un témoignage du prix que notre gouvernement attachait aux stipulations de la charte accordée à M. Lambert, et une garantie de leur fidèle exécution par le gouvernement indigène. C'était une preuve de l'intérêt sérieux avec lequel avaient été acceptés les engagements du roi Radama II avec la France.

Dans cette pensée, l'Empereur me fit l'honneur de me mander, dans le courant de février dernier, et me confia ses vues à ce sujet, en me proposant de les réaliser. L'étude que je fis de la situation, l'intérêt tout particulier que Sa Majesté prenait à cette affaire, à laquelle elle assurait si directement sa souveraine protection, déterminèrent mon acceptation.

Un des avantages les plus palpables, les plus immédiatement réalisables de l'entreprise projetée, c'était l'existence, annoncée par de nombreux voyageurs, de charbons naturels à Madagascar. Il est inutile de vous rappeler, Messieurs, qu'on n'en exploite nulle part ailleurs dans ces parages. On tire d'Angleterre ceux qui se consomment dans les différents points de la mer des Indes, à Aden, à la Réunion, à Maurice, à Ceylan, etc.; et le prix de revient varie dans ces endroits de 75 francs à 125 francs la tonne de 1,000 kilog.

Ma première pensée fut qu'il fallait avant tout obtenir des informations exactes sur la nature et l'importance des gisements de ce précieux minéral, et des autres gisements métalliques dont l'existence avait été signalée à Madagascar. Le but général de la Compagnie exigeait pareillement l'étude préalable d'un grand nombre d'autres questions. Il était indispensable que nous fussions tout d'abord fixés sur les trois points suivants :

1° Le degré de salubrité de certaines parties de l'île ;

2° La possibilité d'obtenir du travail de la part des indigènes ;

3° La facilité d'établir des routes de communication et d'exploitation pour les produits du pays.

Par ces motifs, et quel que fût mon désir de presser la mise à exécution de l'entreprise, je regardai comme absolument nécessaire l'envoi (auquel on avait déjà pensé l'année dernière) d'une mission d'exploration composée d'agents spéciaux.

Les frais de cette mission d'exploration devaient constituer, il est vrai, un sacrifice exceptionnel pour les premiers fondateurs, puisqu'il y avait là un risque que n'auraient plus à courir les actionnaires appelés plus tard. Mais c'était un devoir de procéder avec une prudence qui serait la première garantie de la sûreté des opérations ultérieures. Sur le rapport des agents composant la mission d'exploration, un large appel au public pourrait être fait ensuite, avec les plus légitimes espérances du succès.

Ce premier point fut accepté.

Pour agir, il fallait arrêter les bases définitives de la Compagnie et en constituer les éléments financiers. C'est à ce moment, Messieurs, qu'initiés aux intentions de l'Empereur et au caractère de l'entreprise, vous vous êtes associés à une œuvre dont vous compreniez l'importance sans vous en dissimuler les chances. Cette œuvre nous devenait alors commune à tous, et se fortifiait de votre haute autorité dans le monde des affaires.

Pour lui conserver la protection immédiate, manifeste du gouvernement, laquelle ne pouvait se constater que par la nomination d'un gouverneur, la forme de la société anonyme vous parut indispensable. En outre, cette forme de société commerciale donnait la faculté de n'émettre d'abord que des sommes relativement faibles pour subvenir aux frais de la mission d'exploration. La société anonyme, en effet, possède assez d'élasticité pour permettre une augmentation graduelle des capitaux, proportionnelle à l'extension des travaux entrepris. De sorte qu'en cas de résultats négatifs fournis par la mission d'exploration, il dépendait de notre volonté de nous borner aux dépenses de cette mission préparatoire.

C'étaient là, Messieurs, des considérations dignes de toute votre attention ; elles obtinrent votre approbation.

Vous avez tous encore présentes à l'esprit les difficultés qui se produisirent de divers côtés pendant l'organisation de la société et l'élaboration des statuts. Il me suffira de dire ici qu'un décret impérial, du 2 mai dernier, autorisa notre Société anonyme fondée sous le titre de *Compagnie de Madagascar, foncière, industrielle et commerciale*. Un autre décret, en date du même jour, me nomma gouverneur de ladite Compagnie.

De mon côté, pour être conséquent avec moi-même, et témoigner plus nettement la pensée qui m'avait dicté l'envoi préalable de la mission d'exploration, j'ai voulu remplir à titre gratuit mes fonctions de gouverneur jusqu'au jour où, la période d'exploration terminée, la Compagnie entrerait en action avec la plénitude de sa puissance et de ses capitaux.

Cependant la saison pressait. Si nous voulions mettre le temps à profit, il n'y avait pas un instant à perdre. En conséquence, dès le lendemain de la constitution définitive et officielle de la Compagnie, pour activer les délibérations et les mesures à prendre, un comité, composé de MM. Fremy, Heine, Revenaz et Seillière, auquel voulut bien s'adjoindre M. Béhic, en qualité de conseil de la Compagnie, reçut, par délégation du Conseil d'administration, les pouvoirs nécessaires pour le choix du personnel de la mission d'exploration, et pour l'autorisation des dépenses affectées à l'organisation et aux travaux de cette mission.

Des ordres furent donnés à Maurice pour acheter un ponton de 800 tonneaux, à destination de Bavatoubé, où il devait servir de logement et de magasin à la section de la mission d'exploration envoyée sur la côte nord-ouest. Je proposai au comité, qui les accepta, les ingénieurs devant faire partie de la mission, ainsi que les autres agents. J'avais choisi les ingénieurs sur les renseignements favorables donnés par MM. Callon et Rivot, ingénieurs au corps impérial des mines.

Le but de la mission est d'étudier les produits et les ressources de toute nature que peut offrir le pays, les difficultés que rencontrera la Compagnie, et les moyens de surmonter les obstacles; en un mot, elle fournira les éléments d'appréciation nécessaires au sujet de l'avenir réservé à nos efforts.

Le résultat immédiat de la seule présence de nos agents à Madagascar sera de manifester avec éclat aux yeux des gouverneurs de province, et surtout aux yeux du roi, l'existence et l'action de la Compagnie. Cette action se révélera : 1° par des prises de possession de 'errain régulières, et entourées de toutes les formalités propres à leur donner la plus grande authenticité ; 2° par les recherches et les sondages des ingénieurs, les observations, les expériences de toute sorte des agents agricoles, forestiers et commerciaux ; 3° par la présence près du roi d'agents qui, après lui avoir donné connaissance, aux termes de la charte, des prises de possession des terrains, rendront visibles et palpables les avantages que lui et son peuple doivent attendre des opérations de la Compagnie.

Notre premier soin a été de tracer l'itinéraire de la mission, d'accord avec M. le commandant Dupré, sous les ordres supérieurs duquel tous nos agents sont placés, et de déterminer les endroits à explorer et les points de débarquement pour les prises de possession.

De Suez la mission se rendra à la Réunion, puis se dirigera sur Madagascar et abordera à Tamatave, où seront pris les interprètes, et où seront débarqués les cadeaux destinés au roi et à la reine, et les autres objets qu'on transportera à Tananarive à petites journées.

On trouvera sans doute à Tamatave *les honneurs* ou dignitaires désignés par le roi pour assister aux prises de possession. Nous espérons que ceci pourra avoir lieu dans la seconde quinzaine de juillet.

La mission touchera ensuite à l'île française de Sainte-Marie, dont le commandant, M. Delagrange, fournira des documents sur les opérations de prises de possession déjà accomplies par ses agents, dans l'intérêt de M. Lambert, sur la côte nord-est, et particulièrement dans la province de Vohémar. De là elle visitera N'Gonsv, au-dessus de la baie d'Antongil, point important pour le commerce des gommes, du caoutchouc et des bois. Arrivée à Vohémar, la mission laissera les agents de la première section, chargés de l'exploration du nord-est, et elle se rendra à Diégo-Soarez, Nossi-Bé et Bavatoubé, où elle déposera les agents de la seconde section, chargés d'explorer le nord-ouest et particulièrement les mines de charbon de Bavatoubé.

Le reste des membres de la mission continuera son voyage en visitant successivement Nousangaï, Bombétock, Baly, Saint-Augustin, Fort-Dauphin, et remontera à Tamatave, après avoir accompli son voyage de circumnavigation.

M. le commandant Dupré, accompagné de M. Lambert et du personnel destiné à la province d'Émyrne, se rendra alors par le versant est à Tananarive. Vers novembre, au commencemeut de la saison des grandes chaleurs et des pluies, qui est l'hivernage de Madagascar, les premières opérations étant accomplies, on réunira les agents et on les enverra à Tananarive ou à Vohémar, où ils pourront séjourner sans inconvénients. Un seul ingénieur, celui de Bavatoubé, viendra en France rendre personnellement compte de ses recherches sur les mines de charbon ; et la malle de décembre ou de janvier apportera ici, avec M. le capitaine de vaisseau Dupré, dont le temps de commandement sera à la veille d'expirer, les documents recueillis pendant cette première campagne.

L'itinéraire de la mission signale ainsi trois centres principaux d'exploration : la province de Vohémar, et en général les terres comprises entre la baie d'Antongil et celle de Diégo-Soarez ; en second lieu, Bavatoubé et le pays situé entre la montagne d'Ambre et Port-Radama ; et en troisième lieu, Tananarive et la province d'Émyrne.

Conformément à cette division, le personnel de la mission a été partagé en trois sections, celle du nord-est, celle du nord-ouest, et celle d'Émyrne ou du centre de l'île.

Dans la section du nord-est se trouvent M. Coignet, ingénieur sorti de l'École des mines de Saint-Étienne, et employé depuis cette époque à de nombreux voyages de recherches en France, en Espagne, en Belgique, dans la Prusse rhénane, la Saxe et l'Algérie, et en dernier lieu directeur des hauts fourneaux des usines d'Allevard (Isère) ; M. Aumont, sous-ingénieur et photohraphe, élève de l'École des mines de Paris ; M. Guntz, docteur allemand, minéralogiste qui a déjà fait des recherches à Madagascar, où il se trouve en ce moment ; un médecin qui sera pris à la Réunion ; et un agriculteur, également pris à la Réunion, chargé d'examiner les conditions de la culture, la nature et les aptitudes des terrains.

La section du nord-ouest comprend M. Guillemin, ingénieur civil des mines, ancien élève de l'École des mines de Paris, précédemment employé aux mines et usines de la Chazotte et aux mines de la

Grande-Combe, qui a fait en Russie des recherches fort importantes et fort heureuses de mines de houille, et a accompli une mission analogue dans l'Italie méridionale, etc.; M. Girerd, élève de l'École des mines, sous-ingénieur chargé spécialement de la conduite des travaux des mines de charbon, familier avec les opérations de sondages; M. Humbert, de l'École des mineurs de Saint-Étienne, contre-maître mineur; M. Charnay, photographe, connu par des expériences et des travaux considérables au Mexique; et enfin M. le docteur Ley, médecin de la faculté de Paris, qui a fait des voyages et des recherches sur les fièvres, particulièrement en Algérie et Tunis.

La section du centre, ou de la province d'Émyrne, se compose d'un ingénieur, M. Simonin, qui a accompli des travaux importants en Californie et à la Réunion, et qui est à la tête d'une exploitation minière en Italie; de deux opérateurs de nivellement, MM. Gueniffey et Izard, dont l'un est aussi mécanicien, tous les deux agents de M. Bourdaloue, ingénieur connu par ses opérations de nivellement, qui me les a désignés; d'un sériciculteur, M. Guérin, qui s'est livré toute sa vie à l'éducation des vers à soie et à la fabrication de la soie; d'un photographe, M. Eyguine, élève de l'École de médecine de Paris, qui est aussi essayeur pour les minerais, et de deux agents commerciaux, M. Gardet, ancien capitaine de marine marchande, négociant à San-Francisco, qui a déjà séjourné à Madagascar, et qui est chargé de la comptabilité; et M. Durand, particulièrement affecté aux prises de possession et à l'exploration des forêts. Ancien élève de l'École polytechnique, ayant étudié la médecine, naturaliste très-intelligent, M. Durand a fait des explorations forestières au Vénézuéla; en France, il s'était livré à l'industrie des bois exotiques.

Chaque agent spécial, ingénieur, mineur, photographe, médecin, etc., a choisi, sous sa responsabilité personnelle absolue, les instruments de précision et autres, les appareils, les outils, le matériel de toute nature, nécessaires à ses opérations. Nul, par conséquent, ne sera admis à se plaindre des instruments et autres objets qu'il aura emportés aux frais de la Compagnie.

Voici maintenant en quelques mots quelles sont les recherches particulières qui incombent à chaque section.

Pour la 1re section, celle de la côte nord-est, Vohémar sera le centre des opérations. Déjà un agent spécial de M. Delagrange, le docteur Guntz, s'y trouve et s'est livré à des recherches minéralogiques. Aidé des renseignements de M. Guntz, l'ingénieur, chef de la section, parcourra le pays en se rapprochant des montagnes, et cherchera à en traverser deux ou trois fois la chaîne de l'est à l'ouest, pour en établir la coupe géodésique. Ses investigations porteront spécialement sur les rivières et les ravines dont certains sables, dit-on, sont aurifères.

Un Anglais, John Leigh Study, affirme avoir découvert dans les environs de Vohémar une mine d'or. Les minerais de plomb et de fer abondent dans ces parages, où le cuivre se rencontre en quantités que l'on a lieu de croire assez importantes.

L'ingénieur se préoccupera du plus ou moins de facilités d'exploitation et de transport que présenteront les gisements qu'il aura reconnus.

Dans cette partie de l'île se trouvent des bois de belles dimensions, des essences recherchées, et des arbres qui produisent en abondance des gommes précieuses de différente nature, de même que le caoutchouc. L'agent forestier naturaliste, M. Durand, qui a étudié avant son départ les essences de bois de Madagascar, dont 135 échantillons ont été récemment apportés en France, reconnaîtra aisément sur place les arbres bons à exploiter, et fera le choix des gommes à recueillir.

Pour la facile extraction des bois, il prendra en considération leur proximité des ports et des centres de population.

M. Durand a également étudié ici les objets importés de la côte orientale d'Afrique. Il examinera là bas si le pays donne, comme on peut le présumer, des produits similaires, tels que les épices, les graines oléagineuses, les plantes médicinales et tinctoriales. D'après l'ouvrage si précis de Flacourt, qui est toujours exact quoique écrit en 1657, Madagascar offre en abondance des richesses végétales de toutes sortes.

Les terres de cette région sont signalées comme étant d'une remarquable fertilité. La personne chargée des études agricoles déterminera la nature des plantations qu'on pourrait y faire; le coton, le tabac, l'indigo, les graines oléagineuses sont les produits que l'on recueillerait le plus rapidement, ainsi que les plantes à fécules.

Il y aura lieu de constater les parties de terrains où l'élève du bétail se ferait dans les meilleures conditions.

Dans la partie de l'île affectée aux recherches de la seconde section, celle du nord-ouest, on signale l'existence de produits carboneux dont les gisements, situés sur les bords de la baie de Bavatoubé, ont déjà donné lieu à des analyses intéressantes. Ce sera, pour l'ingénieur et le sous-ingénieur de la deuxième section, l'objet d'une étude approfondie. Pour faciliter et accélérer les travaux, nous avons envoyé, en même temps que la mission, des appareils de sondage, des pompes et des outils appropriés à cette espèce de recherches. La présence du sous-ingénieur permettra à l'ingénieur, une fois les travaux de sondage et de forage commencés, de parcourir, en se rapprochant des montagnes, un pays dans lequel on a signalé la présence du cinabre.

Il trouvera, sans doute, dans ses explorations, des gisements de lignites, de houille et d'anthracite. Car, on prétend qu'une grande partie de la côte ouest présente le caractère de terrains carbonifères de différentes qualités. Les recherches des affleurements de charbons naturels devant se poursuivre à travers des forêts, on prendra à la Réunion quelques bûcherons et scieurs de long. Ces travaux de déboisement permettront de reconnaître les essences susceptibles de devenir l'objet d'envois sérieux. Déjà les Arabes et les habitants de Nossibé exploitent les bois d'ébène sur cette côte.

Remarquons, en passant, que Bavatoubé n'est situé qu'à 25 kilomètres de la colonie française de Nossibé, qui fournira des ressources aux agents de la Compagnie, comme Sainte-Marie sera utile à la section de Vohémar.

Après avoir terminé sa mission dans le nord-est, l'agent agricole sera amené, par le cours naturel de ses explorations, à se rendre par la voie de terre de Diégo-Soarez à Port-Chatam, situé presque en face sur la côte ouest. Il examinera, en descendant jusqu'à Bavatoubé, et au-dessous s'il y a lieu, les différentes natures de terrain, afin de fixer la Compagnie sur le parti qu'on en pourrait tirer.

La difficulté de loger le personnel de la section nord-ouest, la nécessité des précautions hygiéniques, ont rendu indispensable l'acquisition d'un ponton qui stationnera à Bavatoubé pour servir de demeure et de magasin à la petite colonie. Et, comme je l'ai dit en commençant, ordre a été donné, dès le 26 avril, à Maurice, d'en acheter un.

L'exploration de la province d'Émyrne, qui appartient à la troisième section, présentera un grand intérêt au point de vue minéralogique. Des minerais très-riches de cuivre, de plomb, de fer ont été reconnus dans les environs de Tananarive par M. Laborde. Nous rappellerons à cette occasion que, pendant son long séjour dans la capitale, M. Laborde avait créé et organisé des usines considérables, où dix mille ouvriers fabriquaient le fer, fondaient les canons et les boulets, faisaient du verre, de la porcelaine et de la soie. Il avait trouvé les éléments de l'industrie métallurgique dans les habitudes des indigènes, qui savent utiliser les minerais de fer si abondants à Madagascar et dont la qualité rivalise avec les plus beaux fers de Suède.

Dans cette province, l'agriculture présentera encore des sujets d'observations précieuses à nos agents, puisqu'on y récolte d'assez grandes quantités de soie, de fort beaux cafés, et que le tabac y croît spontanément et avec une vigueur extraordinaire.

Mais l'intérêt capital de cette partie de la mission se trouve dans la présence du roi Radama et de son gouvernement à Tananarive. Il est nécessaire que l'ingénieur placé près de lui se prête à la réalisation des projets que le roi pourrait avoir, et lui suggère, au besoin, des idées d'améliorations utiles tout à la fois au pays et à la Compagnie. Cet ingénieur fera prendre des nivellements pour reconnaître le plus ou moins de facilités que présenterait l'établissement si nécessaire d'une route allant de Tananarive à un point quelconque de la côte. En même temps M. Guérin, le sériciculteur, qui a emporté un petit appareil à vapeur pour le dévidage des cocons et l'étouffement des crysalides, frappera l'attention du roi par l'application des moyens perfectionnés et très-simples que l'on emploie en France pour le travail de la soie. Les avantages de ces procédés nouveaux seront d'autant plus appréciés à Tananarive, que les indigènes se livrent depuis longtemps à la fabrication de la soie, et produisent des étoffes vraiment remarquables.

En dehors du personnel attaché à chaque section, les deux agents commerciaux, faisant partie de la mission, ne se contenteront pas de recueillir les renseignements propres à éclairer la Compagnie sur

tous les genres de trafic que les relations avec les indigènes et l'exploitation des produits du pays rendront possibles. Ils pourront,
selon les circonstances, et s'il y a lieu, utiliser le temps et les
courses employés à l'exploration du pays en préparant la réalisation
de prochaines opérations commerciales. Comme éléments de sem-
blables opérations, on peut citer les gommes, dont une notable
quantité a dû être recueillie par les agents chargés de prendre
possession des terrains au nom de M. Lambert, et les bois d'ébé-
nisterie, de teinture et de construction.

Quant aux importations, le moment n'est pas venu d'en faire à
Madagascar; les renseignements fournis par la mission fixeront
seuls sur les moyens d'agir à cet égard avec sécurité. Par ce motif,
on a été dans la nécessité d'envoyer des espèces en pièces de cinq
francs et en pièces d'argent divisionnaires, pour faire face aux dépenses locales et aux acquisitions.

Tel est, dans un court aperçu, le tableau succinct des travaux de
la mission et de l'ensemble de ses opérations. La durée de l'exploration variera selon les localités qu'il faudra visiter. Elle exigera
probablement une seconde campagne qui commencera en avril,
et finira en octobre 1864.

Pour donner à la mission, dont on voit que le personnel sera
nombreux (surtout si on compte les interprètes, les ouvriers ad-
joints aux agents, les porteurs, les gens de service de tout ordre),
pour donner, dis-je, à la mission la force de cohésion sans laquelle
il lui serait impossible de répondre avec ensemble aux vues de la
Compagnie, et aussi pour introduire l'ordre indispensable dans les
rapports de tous les membres entre eux, une hiérarchie a été établie.
Il fallait combiner les mouvements et les opérations des divers
agents, et de l'autre côté considérer que chaque individu serait
presque toujours appelé à agir dans sa sphère spéciale, et par
conséquent isolément. Un règlement a été arrêté qui indique à
chacun sa ligne, et, en circonscrivant son domaine, fixe ses rapports avec les autres membres de la mission et de sa section.

En voici les bases principales :

Tous les agents de la Compagnie, faisant partie de la mission
d'exploration, sont placés directement sous l'autorité du commandant Dupré, investi à cet égard des pouvoirs les plus étendus du

Conseil d'administration et de ceux du gouverneur de la Compagnie.

En cas d'absence, momentanée ou prolongée, **M.** le commandant Dupré pourra déléguer ses pouvoirs à l'officier qui commandera la station navale des côtes orientales d'Afrique et en informera immédiatement le gouverneur.

Les agents commerciaux relèveront directement du commandant Dupré, ou de son représentant.

L'ingénieur chargé de diriger les recherches et les travaux de chaque section prend le titre d'ingénieur chef de section. Tous les agents attachés à sa section sont placés sous ses ordres.

En cas d'empêchement des ingénieurs, le règlement prévoit le mode de leur remplacement.

L'initiative et la direction des travaux spéciaux appartiennent exclusivement aux ingénieurs chefs de section, qui en seront responsables ainsi que des précautions hygiéniques de toute nature à prendre dans l'intérêt des agents placés sous leurs ordres.

Tous les agents de la Compagnie se sont engagés, par écrit, à garder, vis-à-vis des étrangers, sur les résultats de leurs recherches, un secret absolu.

Les agents de la section de Tananarive, et ceux qui se trouveraient momentanément dans la capitale, n'entreprendront aucune opération sans avoir soumis leurs projets à **M.** Laborde qui saura les guider et les conseiller d'après la connaissance qu'il a des chefs et des populations indigènes.

Quant aux relations que les agents désireraient avoir avec le Roi, ils devront s'entendre au préalable avec **M.** Lambert qui est l'intermédiaire officiel de la Compagnie auprès de Sa Majesté.

A ce règlement hiérarchique est joint un règlement de comptabilité, approprié autant que possible à des situations si particulières, et réduit à toute la simplicité compatible avec l'ordre et l'économie. Ce règlement dirigera chaque membre de la mission dans la régularisation des dépenses qu'il aura à faire pour le compte de la Compagnie.

Les fonds de la mission ont été confiés à **M.** le commandant Dupré, qui veut bien autoriser l'agent de l'administration, chargé de la caisse de son bâtiment, à remplir les fonctions de caissier central de la mission.

Le commandant Dupré, ou son délégué spécial, ordonnancera seul toutes les feuilles de dépenses qui devront être payées directement par le caissier central. Celui-ci, de son côté, pourra verser, aux mains des trésoriers de Sainte-Marie et de Nossibé, les sommes destinées à former les fonds de caisse. Ces trésoriers seront autorisés par le commandant Dupré à délivrer les fonds à eux confiés, sur mandats tirés par MM. Durand et Gardet, agents commerciaux, et sur mandats des ingénieurs chefs des sections de Vohémar et de Bavatoubé.

Les agents commerciaux et les chefs de section tiendront, chacun à part, un livre de recettes et dépenses constamment à jour, dont le relevé sera arrêté à la fin des mois. Ces relevés seront adressés mensuellement à l'agent chargé de la comptabilité de la mission, M. Gardet. Et celui-ci enverra tous les mois au gouverneur un état sommaire, et par nature, des dépenses faites dans le mois précédent.

Voilà donc, Messieurs, la mission organisée, le personnel choisi, la hiérarchie établie, la comptabilité ordonnée, le terrain des opérations désigné et les travaux à entreprendre indiqués. Pour mieux assurer les résultats auxquels chacun allait concourir, et faire sentir à tous les agents leur part de responsabilité en précisant leur rôle et leur action individuelle, je me suis occupé de rédiger des instructions auxquelles vous avez bien voulu accorder votre approbation. De ces instructions les unes ont un caractère général et s'adressent à tous les membres de la mission ; les autres sont appropriées à la spécialité de chaque agent. Elles sont toutes annexées à ce rapport; je me bornerai à en présenter ici le résumé.

Ne perdons pas de vue, Messieurs, que notre action va s'exercer dans un milieu entièrement nouveau, au sein de populations complétement étrangères à toutes les idées de nos sociétés civilisées, dans des contrées où il est vrai de dire, la plupart du temps, que nul Européen n'a pénétré jusqu'à ce jour. Nos agens sont les premiers pionniers de notre entreprise. Nous avons voulu rendre toujours présent à leur pensée le but de leurs travaux respectifs.

Vous savez, Messieurs, et je ne saurais trop le répéter, que notre préoccupation constante a été d'écarter toute idée de domination politique de notre part. Notre première recommandation à tous les membres de la mission devait être de rappeler que nous nous présentons aux populations hovas sous la protection de Radama II. Chaque agent devra donc déclarer hautement, dans les rapports qu'il formera avec les autorités locales ou les particuliers indigènes, que la Compagnie a été créée sous] l'inspiration du roi qui en est le protecteur et l'associé, et que notre principal but est l'amélioration du sort des Malgaches, en leur apprenant à utiliser les produits naturels du sol, et en contribuant ainsi à leur bien-être et à leur prospérité.

Pour manifester ces intentions, chaque agent est muni de pavillons aux couleurs royales. Partout où les agents en mission s'arrêteront, ils planteront le drapeau du roi. Chaque agent portera à sa coiffure un ruban sur lequel seront inscrits en lettres d'or et en langue malgache ces mots : *Compagnie de Radama — Company ny Radama.*

Comme il pourrait être difficile d'obtenir sur les lieux justice contre les chefs hovas en raison de l'éloignement de la capitale et de la mansuétude du roi, et que ces chefs se font une très-haute idée de l'importance de leurs fonctions, les agents leur témoigneront de la confiance et même de la déférence, de manière à les rendre favorables à la Compagnie.

M. Lambert est chargé particulièrement d'obtenir le concours bienveillant des chefs hovas, et les agents feront comprendre à ces chefs l'intérêt qu'ils ont au succès de l'entreprise; car des primes leur seront assurées en proportion du nombre de travailleurs qu'ils procureront à la Compagnie parmi les soldats, ou les personnes libres, ou même les esclaves.

Les porteurs et ouvriers indigènes, employés par la Compagnie, seront toujours payés directement et sans intermédiaire par l'agent chargé du service de la caisse. On se refusera absolument à toute demande ou insinuation, faite par les chefs, tendant à ce que les distributions de salaires passent par leurs mains. A part toute autre considération, il importe d'habituer tous ceux que la Compagnie emploiera à compter sur sa loyauté et à traiter directement avec elle.

Les Malgaches sont généralement de mœurs douces, mais craignent les railleries des étrangers. En outre, les traitants européens qui ont abordé à Madagascar, s'étant montrés souvent fort peu scrupuleux, n'ont fait que développer la défiance naturelle des indigènes. Les agents de la mission s'efforceront de dissiper cette méfiance, du moins à l'égard de la Compagnie. Par une patience inébranlable, le sérieux des manières, l'exactitude dans l'exécution des engagements pris, ils éviteront de froisser des amours-propres et des susceptibilités facilement irritables, et ils établiront avec les chefs et indigènes des relations aisées, fondées sur une confiance réciproque qui est du plus haut intérêt pour l'avenir de la Compagnie.

Par des motifs analogues de prudence et de réserve, ils éviteront les occasions de discussions avec les traitants de Tamatave, dont il est permis de craindre que l'arrivée de la mission ne surexcite les jalousies.

En un mot, les membres de la mission attesteront vis-à-vis de tout le monde, par la régularité de leur conduite, leur loyauté, leur modération, et, au besoin, par une fermeté bienveillante, que le but de la Compagnie est sincèrement et exclusivement la civilisation des Malgaches et l'amélioration de leur sort par le travail et l'industrie.

Pour déjouer les tentatives probables des adversaires de la Compagnie qui chercheront à dénaturer son caractère commercial, et à présenter son rôle comme une prise de possession déguisée faite par la France, les agents entretiendront de bons et fréquents rapports avec les chefs hovas, en répétant sans cesse que l'entreprise a été organisée à la demande de Radama II. Notre résolution formelle de ne pas chercher de suprématie politique sur les sujets du roi, de repousse' même toute mesure qui conduirait à quelque chose de semblable, donnera une grande autorité aux paroles de nos agents qui n'auront jamais à craindre de notre part d'être contredits par une arrière-pensée de domination. Dans les cas difficiles, il faudra patienter, éviter ou atténuer les conflits, ne pas se faire justice soi-même, et se couvrir autant que possible de la protection d'un des bâtiments de la station, ou de celle du roi par l'intermédiaire de M. Lambert.

La coexistence à Madagascar de missionnaires catholiques et de ministres protestants peut devenir l'occasion de difficultés dont il y a déjà eu des exemples, et dans lesquelles il est formellement interdit aux agents de la Compagnie d'intervenir. Il est incontestable que les ministres de la religion catholique ont représenté presque à eux seuls, jusqu'à ce jour, l'influence française. Désormais cette influence se manifestera également par l'action de la Compagnie à laquelle les missionnaires pourront prêter un concours utile. Mais la Compagnie doit garder son initiative et son indépendance, tout en entourant de respect nos missionnaires. Les agents devront donc se tenir en dehors de toute discussion religieuse. Leur immixtion indiscrète dans ces matières pourrait devenir aussi contraire aux intérêts bien entendus de la France et de la Compagnie qu'à ceux de la religion elle-même.

Il importe à la Compagnie de recueillir le plus grand nombre possible de renseignements exacts sur tous les sujets d'observation qui se présenteront, qu'il s'agisse d'objets de l'ordre le plus élevé ou de l'ordre le plus humble. En conséquence, chaque agent a été invité à étendre le cercle de ses études en dehors de sa spécialité propre, selon la nature et les tendances de son esprit ; et à examiner le pays sous le rapport de la morale, de la politique, de l'organisation sociale, de la climatologie, de l'histoire naturelle, de la topographie, des relations commerciales, actuelles ou éventuelles. Dans ce but, une série de questions à résoudre ont été présentées aux agents pour leur servir de spécimen. Ils rendront compte du résultat de leurs observations, en se préoccupant surtout de l'exactitude des faits.

Chaque membre de la mission doit tenir un journal de ses travaux et des observations de toute sorte qu'il aura faites, et qui formeront les éléments de son rapport mensuel. Cette obligation est formelle, elle devra être ponctuellement remplie chaque jour.

Un service postal, combiné avec le passage de la malle, desservira le plus tôt possible les sections de Vohémar et de Bavatoubé ; et tous les agents adresseront, une fois par mois, au commandant en chef le compte rendu de leurs recherches et observations en double expédition, sous leur responsabilité, et en se défiant de leurs premières impressions.

Enfin, pendant la saison d'hivernage, tous les documents recueillis dans le cours des travaux d'exploration seront réunis et classés, les rapports rédigés, les plans et les cartes dressés et les travaux de la campagne suivante préparés.

Des copies des cartes et des plans que possèdent les archives de la marine sur Madagascar ont été remises à M. le commandant Dupré, qui veillera à ce que les agents spéciaux y ajoutent des détails et des renseignements nouveaux et rectifient les erreurs qui s'y trouveraient. Pendant la traversée, on aura préparé des cartes à grands points.

A ces instructions générales, qui indiquent à chaque agent l'esprit qui doit l'animer et le guider, ont été jointes une ampliation des règlements sur l'organisation hiérarchique et la comptabilité, et des instructions hygiéniques très-précises, pour lesquelles j'ai consulté des médecins ayant fréquenté les côtes de Madagascar, afin de tenir notre personnel en garde contre les influences du climat.

MM. les ingénieurs Simonin, Coignet et Guillemin, chefs de section, ont reçu des instructions particulières très-détaillées; il en est de même de M. Guérin, le sériciculteur. D'autres instructions, également personnelles mais plus succinctes, ont été données à MM. Girerd, Gueniffey, Aumont, Izard, Charnay, Eyguine et le docteur Ley. Les unes et les autres serviront à diriger chaque membre de la mission qu'elles concernent dans les travaux de sa spécialité, et dans ses relations avec ses collègues et les hommes placés sous ses ordres.

Les instructions remises aux deux agents commerciaux, MM. Durand et Gardet, par la multiplicité même des questions qu'elles embrassent et qui sont l'objet final des opérations de la Compagnie, ont une importance qui ne saurait vous échapper, et qui a attiré toute notre sollicitude. Ces instructions recommandent à MM. Durand et Gardet d'étudier les besoins, les goûts et même les fantaisies des diverses peuplades de Madagascar. Nos agents commerciaux examineront avec soin tous les objets sans exception qui donnent lieu à un trafic quelconque, ou à des échanges en nature, soit avec les Anglais et les Américains, soit avec la France, la Réunion et Maurice, soit avec les comptoirs de la côte orientale d'Afrique.

Ils apprécieront aussi l'importance relative du commerce de chaque nation, les causes qui l'ont fait décroître ou prospérer, le prix des objets, l'usage auquel les Malgaches les destinent, l'importance commerciale, les goûts et les préférences des peuplades, leurs dispositions à l'égard des Européens, et surtout celles des populations de l'intérieur.

Ils rechercheront encore pour quelle part entrent dans la valeur des objets la rareté du produit ou le prix de la main-d'œuvre nécessitée par l'exploitation ou l'extraction.

La question de l'élève des bestiaux, une des principales occupations des Malgaches, et le grand objet des exportations de l'île, attirera l'attention de nos agents d'une manière toute particulière. A cette question se rattachent naturellement celle du commerce des viandes salées, des cuirs, des cornes, etc.

Ils s'occuperont, avec tout le soin qu'exige son importance, de la production et du commerce du riz, qui trouvera un débouché considérable dans les iles de Maurice et de la Réunion, où il pourra, sous la condition d'une décortication soignée, prendre la place des cent millions de kilogrammes de riz de l'Inde importés annuellement dans ces colonies, et même devenir un objet d'exportation pou l'Europe.

Les produits de fabrication indigène, actuellement insignifiants au point de vue de l'exportation, sont cependant intéressants à étudier comme moyen d'apprécier l'aptitude des Malgaches à des occupations analogues qu'on pourrait introduire dans le pays.

Les agents examineront comment, et sur quels points, se fait le commerce maritime du pays par les Arabes ou par d'autres nations. Ces renseignements seront précieux pour les traités à intervenir avec les Compagnies d'assurances maritimes.

Il va sans dire que le commerce des bois, qui est surtout de la compétence de M. Durand, devra être l'objet de ses recherches et de son examen le plus complet et le plus soigneux.

M. Gardet, l'autre agent commercial, a été chargé de réunir au départ, de surveiller dans tous leurs mouvements, et de distribuer à l'arrivée les objets de toute nature formant le matériel de la mission; de les délivrer sur reçu à chaque agent, et de surveiller leur état d'entretien.

Le rôle des agents commerciaux ne se borne pas à l'étude des questions dont je viens de vous tracer le cadre. M. Durand prendra encore une grande part aux cérémonies et aux actes de prises de possession de terrains.

Une des principales et des premières opérations de la mission d'exploration sera, en effet, la prise de possession des terrains utiles à la Compagnie. Des instructions ont été dirigées pour ces prises de possession, et pour l'étude des questions relatives aux concessions à accorder ensuite à des tiers.

Les recommandations suivantes ont été faites, de la manière la plus expresse, pour guider les agents et les représentants de la Compagnie dans ces sortes d'opérations qui se feront, sans doute, facilement, mais qui peuvent aussi, dans certains cas, causer quelque émotion aux chefs ou aux populations.

Le roi étant intéressé, comme la Compagnie, à l'extension et au succès des efforts de celle-ci, les prises de possession de terrains inoccupés devront se faire de suite sur la plus grande échelle. La Compagnie restreindra par cette mesure le champ possible d'une concurrence éventuelle, et réduira les difficultés qui pourront surgir plus tard de l'exercice du privilége, spécialement réservé à la Compagnie, d'exploiter toutes les mines, quel que soit le propriétaire du terrain sur lequel elles pourront exister.

De plus, pour remplir les intentions du roi, qui veut la civilisation de son peuple, la Compagnie a besoin d'une véritable puissance agricole, industrielle et commerciale. Cette situation nécessitera une législation adaptée aux questions complexes que soulèvera l'exécution de la charte. Les litiges qui pourront surgir seront singulièrement aplanis si la Compagnie, par l'extension considérable des prises de possession de terrains, obtient de poser pour elle-même les bases d'une législation définitive et d'une jurisprudence nette et claire.

Dans les prises de possession, la Compagnie recherchera de préférence : 1° les terrains que la proximité de ports naturels appelle à devenir des centres de population ; 2° ceux qui sont situés sur les bords des cours d'eau navigables, ou pouvant fournir des forces motrices ; 3° les terres inoccupées les plus rapprochées des postes hovas et des centres de population actuellement existants ; 4° les terres fertiles situées dans les localités les plus salubres ; 5° les points où se trouvent des forêts bonnes à exploiter comme bois, et qui fourniraient, après défrichement, d'excellents terrains de culture ; 6° les parties destinées à la récolte des gommes et du caoutchouc ; 7° les terrains propres au pâturage et à la culture du riz ; 8° enfin les points où l'on présume la présence de richesses métallurgiques ou minéralogiques.

Les prises de possession seront accomplies avec solennité, par M. Lambert, assisté de MM. Simonin et Durand, et en présence des chefs hovas, qui en signeront le procès-verbal. Le grand pavillon du roi sera déployé, pour témoigner que dans chacun de ses actes la Compagnie n'agit que par délégation du roi lui-même. Des formules préparées à l'avance seront dressées en quatre expéditions et en langue malgache et française, remises, l'une au gouverneur, l'autre au résident général de la Compagnie, la troisième aux chefs hovas, et la quatrième au consulat de France à Tananarive. M. Lambert soumettra à la signature du roi, et au contre-seing de ses ministres, un état, signé des représentants de la Compagnie, indiquant par numéros, dates et autres énonciations très-précises, chacune des prises de possession. Cette formalité de la présentation au roi de l'état constatant les prises de possession a pour but de se conformer aux prescriptions de la charte. Cet état sera dressé avec une très-grande exactitude, et en double expédition, enregistré au consulat de France, et soumis au visa du consul anglais pour la certification de la signature du roi. Une de ces expéditions sera déposée au consulat de France, et l'autre adressée au gouverneur.

Une lettre de M. Delagrange, commandant militaire de l'île Sainte-Marie, en date du 25 novembre 1862, annonce qu'il a déjà fait prendre possession au nom de M. Lambert, dans les premiers jours d'octobre : 1° de tous les terrains situés autour du port de Vohémar qui lui ont paru de quelque valeur ; 2° d'une forêt de copaliers de 18 lieues de long. Des procès-verbaux signés par les officiers hovas et les agents de M. Lambert ont constaté ces prises de possession. On a dû en faire autant sur la côte nord-ouest.

Des prises de possession devront être faites, pendant le voyage de circumnavigation, dans tous les postes où résideront des représentants du roi ou, à leur défaut, des chefs de villages, lesquels sont ordinairement investis de pouvoirs judiciaires.

Les actes de prise de possession contiendront l'indication précise des limites des territoires choisis.

Une partie des prises de possession doit aboutir à des concessions de terres à des tiers. Il faudra donc préparer successivement des plans exacts des terres à distribuer, avec l'indication des forêts, des cours d'eau et des villages existants. Les agents chargés des prises de possession étudieront, à cette fin, toutes les questions se rattachant aux concessions que la Compagnie accordera ; sur quelle base il faudra les faire en raison des diverses circonstances de lieux et de climat, et quelles conditions il y aura lieu d'exiger des concessionnaires comme payement, soit un prix ferme, soit des redevances, durant un temps déterminé, en argent ou en nature. Toutes ces questions sont complexes et délicates ; elles demanderont du temps pour être résolues, et seront particulièrement du ressort de MM. les agents commerciaux dont l'intelligence et le dévouement m'inspirent une grande confiance.

En thèse générale, les conditions imposées aux concessionnaires devront être telles que ceux-ci aient tout avantage à traiter directement avec la Compagnie qui les admettra au partage de ses immunités, et exigera d'eux des redevances moins fortes que les chefs hovas ou les représentants immédiats du roi. Elle leur donnera des titres réguliers de propriété, et les abritera sous sa protection qui sera la protection même du roi.

La Compagnie entend d'ailleurs procéder en raison du principe de la liberté absolue au profit des concessionnaires. Les expériences faites en Algérie ont démontré les graves inconvénients des restrictions imposées dans les concessions de terres.

Mais à quelque système que l'on s'arrête définitivement pour les concessions, vous voyez, Messieurs, que la Compagnie ne saurait prendre raisonnablement aucun parti avant d'avoir établi une sorte de cadastre des propriétés dont elle pourra disposer.

Ce cadastre devra être terminé le plus rapidement possible, car déjà des demandes de concessions ont été faites ; et nous en attendons de plus nombreuses encore lorsqu'on saura à Maurice et à la

Réunion que les agents de la Compagnie ont commencé leurs travaux.

Dans toutes les instructions dont je viens de vous indiquer l'esprit, le rôle supérieur de M. le commandant Dupré est implicitement compris. J'ai dû lui transmettre un double de toutes ces instructions au moment où nous mettions à profit sa haute expérience des affaires de Madagascar.

M. le commandant Dupré, par une délibération du Conseil d'administration, est investi de tous les pouvoirs du Conseil et de ceux du gouverneur sur le personnel de la mission d'exploration. Son action prépondérante, dans l'installation et la direction des diverses sections de la mission, aura pour la Compagnie des résultats importants; nos divers agents recevront de lui toutes espèces de secours dans les premiers moments de leur arrivée sur les lieux, pour se mettre en rapport avec les chefs hovas, et se procurer le logement, les approvisionnements et les moyens de transport. Il était naturel de l'initier sans restriction à toutes les vues, à toutes les intentions de la Compagnie.

M. le commandant Dupré me remettra des notes contenant ses impressions et ses opinions sur chacun de nos agents. Les ayant vus à l'œuvre, dans le pays même, il saura mieux que personne nous mettre en position d'apprécier ce que la Compagnie a le droit d'attendre de chacun d'eux.

Il est chargé de mettre à exécution le budget de la mission, dont un extrait lui a été expédié; de s'entendre à la Réunion avec M. Richard pour les achats supplémentaires que j'ai indiqués; et d'emmener avec lui à Madagascar les agents et ouvriers, que j'ai chargé également M. Richard d'arrêter à l'avance avec votre autorisation. Il organisera le service postal que nous désirons établir de Madagascar avec la malle, et nous procurera le concours de l'ingénieur hydrographe de sa division, particulièrement pour l'étude des projets d'une navigation à établir sur les lacs qui prolongent la côte est de l'île sur une étendue de plus de 240 kilomètres.

M. le commandant Dupré facilitera à nos agents commerciaux la réalisation de leurs instructions.

S'il peut, en sortant de Tananarive, descendre à la côte ouest en suivant le cours de la rivière qui débouche à Bombétok, navigable, dit-on, pendant plusieurs lieues, il aura rendu un service très-important à la Compagnie. J'attends également de son zèle et de son influence auprès du roi qu'il obtienne de Sa Majesté Malgache l'autorisation de faire des études de nivellement pour la construction d'une route qui mettrait Tananarive, dont la population n'est pas moins de 70,000 âmes, en communication avec la côte, route qui est une nécessité de premier ordre.

En un mot, Messieurs, M. le commandant Dupré veillera à tous les mouvements de la mission d'exploration, et la dirigera dans toutes ses parties.

C'est ce que j'ai expliqué d'une manière très-détaillée dans la lettre que j'ai adressée à M. le commandant Dupré, où j'ai complété par des observations embrassant tous les aspects de l'entreprise les omissions qui auraient pu se glisser dans les instructions spéciales rédigées si rapidement. Vous voyez, Messieurs, tout ce que la Compagnie demande au patriotisme et aux lumières de cet officier si distingué ; et je ne puis mieux exprimer ma pensée qu'en répétant ici ce que je lui ai déjà écrit à lui-même, que « c'est de lui, à bien « dire, que dépendra en grande partie l'heureuse issue d'une « entreprise au succès de laquelle l'Empereur attache un si haut « prix. »

De son côté, M. Lambert, le résident général de la Compagnie près du roi Radama, qui est parti avec la mission, est chargé de la partie la plus délicate de nos affaires, puisque c'est lui qui doit assister à nos prises de possession, et veiller à ce que, de la part des chefs hovas ou des ministres du roi, aucun obstacle ne vienne entraver notre œuvre à son début.

Or, quelle que soit notre confiance, on peut prévoir qu'il pourra se rencontrer chez les indigènes, excités probablement par les étrangers, ou bien obéissant à leur insu à de vieux préjugés, des dispositions, sinon hostiles, du moins peu favorables. M. Lambert, qui jouit avec M. Laborde d'un grand crédit sur l'esprit du roi, qui connaît à fond le caractère malgache, et qui est d'ailleurs très-personnellement intéressé au succès de la mise à exécution de sa charte, M. Lambert nous a paru convenir à ce rôle politique et diplomatique. J'ai eu à ce sujet avec lui de nombreuses conversations, et j'ai pu, au moment de son départ, lui remettre, avec la copie des instructions adressées aux agents, et toutes les pièces nécessaires pour les prises de possession, une note pour lui rappeler l'esprit général de notre entreprise, et lui recommander de ménager à notre Compagnie auprès du roi et de ses officiers un appui énergique et durable.

« Nous avons voulu, lui ai-je dit, donner un témoignage éclatant
« de la loyauté de nos intentions en nous plaçant spontanément
« sous la protection du roi, et en lui demandant de n'avoir d'autre
« drapeau que le sien. En agissant ainsi, nous avons voulu écarter
« tous les souvenirs des anciens droits de la France à la possession
« de Madagascar. Nous ne nous présentons pas en conquérants ;
« notre entreprise a le véritable cachet de l'époque, civilisatrice,
« pacifique, industrielle, commerciale ; elle répond aux vœux de
« notre pays comme aux besoins de Madagascar. Voilà, Monsieur,
« ce que je vous prie de faire bien comprendre au roi ; voilà la
« vérité qu'il faut répandre parmi les grands comme dans le peuple.
« Je sais combien j'ai droit de compter sur votre zèle, sur votre dé-
« vouement pour atteindre ce but. »

Enfin, j'ai remis à M. Lambert pour M. Laborde, notre consul depuis l'avénement de Radama, une longue lettre qui explique les bases et le but de notre Compagnie. Vous savez, Messieurs, l'importance personnelle acquise depuis de très-longues années à notre compatriote. Nul à Madagascar n'est en état de rendre plus de services que lui à la Compagnie ; et nous avons la confiance la plus entière dans son zèle en faveur d'une entreprise qui doit réaliser les vœux patriotiques de toute sa vie. En demandant à M. Laborde d'aider de ses conseils les agents de la mission dans la province d'Émyrne, je rendais hommage à sa longue expérience des hommes et des choses de Madagascar. Je devais, en retour, l'initier à toutes les vues, à tous les projets de la Compagnie.

J'ai donc rappelé à M. Laborde avec quel chaleureux intérêt l'Empereur a pris à cœur de seconder le roi Radama, et je l'ai prié de me donner son opinion sur la manière dont vous et moi, Messieurs, nous avons compris la question de Madagascar.

Le sujet sur lequel j'ai attiré particulièrement son attention, c'est l'ouverture d'une route entre Tananarive et un point quelconque de la côte. Ce peuple, appelé à la civilisation par le noble cœur de son souverain, n'entrera vraiment dans la voie du progrès que lorsqu'il aura, dans un contact permanent avec des Européens honorables, modifié ses instincts, ses mœurs, ses idées, sa législation. Et pour déraciner des préjugés séculaires, le concours de M. Laborde est des plus nécessaires. La puissance d'un empire n'est réelle et durable que par la facilité des communications et un bon système de viabilité. « Si l'aigle de Madagascar, ai-je dit à M. Laborde, « tient dans ses serres le globe, symbole de cette grande île, il « signifie sans doute que le roi domine sur tout son royaume. Il « n'en sera sérieusement le maître que le jour où ses ordres se « transmettront rapidement d'un bout à l'autre de Madagascar. »

Mais l'ouverture d'une route de Tananarive à la mer serait un travail fort dispendieux, et la Compagnie ne pourrait l'entreprendre que secondée par le roi. Si donc il affectait une partie de son armée à ce travail de première nécessité, il procurerait dans cette ressource le moyen de faciliter considérablement le projet de la Compagnie.

Je rappelle encore à M. Laborde que les agents placés sous la direction de M. Simonin, à qui est confiée l'exploration de la province d'Émyrne, seront entièrement à sa disposition, avec M. Simonin lui-même, pour exécuter tous les travaux agréables au roi. Afin que Radama juge personnellement des avantages d'une bonne viabilité, nos agents se prêteront à lui faire une route pour se rendre à sa campagne. Dès qu'elle sera en état, la Compagnie lui offrira une voiture et des mules prises à la Réunion.

J'ajoute, en terminant ma lettre : « Nous avons l'intention, à « moins d'obstacles insurmontables, d'envoyer une partie des « agents qui auront exploré la province de Vohémar et les char- « bons de Bavatoubé, passer l'hivernage à Tananarive. Leur pré- « sence dans la capitale témoignera du soin que nous avons apporté « à étudier toutes choses. Il est inutile, sans doute, Monsieur, que « je dise à l'homme qui a été si longtemps la providence de nos « compatriotes, que je place tous nos agents sous l'égide de sa « bonté. Ils ont l'ordre formel de ne rien entreprendre, de ne rien « faire sans vos conseils. »

En même temps que cette lettre, vous vous rappelez, Messieurs, que j'ai offert à M. Laborde, au nom du Conseil d'administration, un témoignage de notre haute estime.

Après nous être ainsi assuré le concours positif des deux Fran-

ças qui peuvent servir le plus efficacement les opérations de la
Compagnie à Madagascar, il restait à nous adresser au roi lui-même
et à lui demander officiellement, pour nos agents et pour notre œuvre,
sa souveraine protection. C'est ce que j'ai fait dans la lettre suivante
que vous avez tous tenu à signer, et qui, traduite en malgache par
M. Laborde, sera remise au roi.

« SIRE,

« Dans la charte qu'Elle a daigné accorder à M. J. Lambert,
« Votre Majesté *appelait de tous ses vœux la formation d'une so-*
« *ciété qui pût l'aider dans ses projets de civilisation pour son*
« *pays.*
« Nous répondons à votre appel, Sire, en apportant à Votre Ma-
« jesté, pour seconder ses nobles intentions, nos capitaux, notre
« intelligence, notre dévouement.
« Pleins de confiance dans votre auguste parole, nous deman-
« dons à Votre Majesté d'accorder à notre Compagnie et à tous nos
« agents la plénitude de sa royale protection.
« Nous sommes convaincus qu'il y a solidarité complète entre le
« succès de notre entreprise et le développement de toutes les
« idées d'organisation gouvernementale et sociale, de progrès et de
« travail, qui feront la gloire de votre règne et assureront la pros-
« périté de vos sujets.
« Pour témoigner d'une façon éclatante aux yeux de tous la com-
« munauté de sentiments et d'intérêts qui existent entre le Roi et la
« Compagnie dont il est le véritable fondateur, nous prions Votre
« Majesté de nous permettre de n'avoir pour drapeau que le noble
« drapeau de Radama.
« Sire, nous avons demandé au duc d'Émyrne de vouloir bien
« être, en qualité de résident général, le représentant de la Compa-
« gnie près de Votre Majesté. Nous avons pensé ne pouvoir rien
« faire qui pût lui être plus agréable que de prendre pour intermé-
« diaire auprès d'Elle, celui qu'Elle a daigné nommer son ami.
« Nous invitons notre résident général à offrir à Votre Majesté,
« ainsi qu'à Sa Majesté la Reine, comme faibles tributs de notre

« profond respect et de notre dévouement, quelques produits de
« notre industrie française. Puissent-ils vous paraître dignes de vos
« Royales Majestés!

 « Nous sommes, avec le plus profond respect,
    « Sire,
       « De Votre Majesté,
     « Les très-humbles et très-obéissants serviteurs.

 « Les membres du Conseil d'administration et le gouverneur de
« la Compagnie de Madagascar, foncière, industrielle et commer-
« ciale. »

Paris, le 23 mai 1863.

Il nous a semblé, Messieurs, qu'à ce moment toutes les précautions possibles étaient prises pour donner à nos agents les moyens
d'accomplir leurs travaux respectifs, et à notre œuvre l'unité de
direction sans laquelle rien de sérieux ne se fonde.

Au point de vue matériel, nous avons pourvu à tous les besoins
réels ou probables de la mission. D'abord, pour la santé du personnel, nous avons expédié les objets de campement nécessaires.
Les tentes sont doubles, afin de préserver de l'action d'un soleil
trop ardent, et aussi de la pluie. Le sol même des tentes est garni
de tapis de toile cirée pour empêcher l'humidité et les émanations
du sol. Des lits en fer pliants, formant matelas et oreiller, des cou-
vertures, des tables, des fanaux, des paniers contenant service
de table et ustensiles de cuisine, etc., suffiront aux besoins d'un
séjour dans ces pays inhabités. Chaque médecin emporte une
pharmacie, un sac de médicaments, des instruments de chirurgie,
et un appareil à faire de la glace qui est nécessaire dans le cas de
certaines affections. On a dû prendre à la Réunion, pour l'alimen-
tation des hommes, des provisions qu'on ne trouve pas à Madagascar.

Pour servir d'habitation et de magasin à Vohémar et à Bavatoubé, deux pontons ont été commandés et doivent être rendus à
destination.

Quelle que fût notre confiance dans la douceur des indigènes, nous avons cru devoir prendre quelques précautions pour mettre nos agents à l'abri d'une surprise. Chaque membre de la mission est armé d'un fusil à deux coups, d'un revolver et d'un couteau de chasse.

Quant à ce qui concerne l'équipement scientifique et spécial, nous n'avons rien négligé, tout en évitant les dépenses superflues. Chaque ingénieur chef de section est muni d'instruments assez dispendieux mais indispensables, tels que chronomètre, sextant, baromètre, etc. Au milieu des forêts, des vastes solitudes d'un pays où la population est clair-semée, on n'aura, comme à la mer, que les observations célestes et le calcul pour se guider. Le relèvement exact des points topographiques, importants à retrouver, et en particulier des gisements minéralogiques qui seraient découverts se fera au moyen de ces observations, heureusement et utilement complétées par la photographie.

Comme témoignage de notre respect pour le souverain de Madagascar, et pour nous concilier davantage la faveur du gouvernement indigène, des cadeaux ont été choisis pour le roi, pour la reine et les principaux chefs de leur entourage.

Enfin, nous avons voulu couvrir les risques de mer et autres de cette grande entreprise. Nous avons assuré tout le matériel embarqué, l'argent, les cadeaux pour le roi, la reine et la cour, les instruments de toute nature. Les agents composant la mission ont reçu, individuellement, la somme nécessaire pour se faire assurer personnellement.

Tous ces préparatifs achevés, tous ces soins pris dans la mesure des prévisions humaines et conformément à l'avis des hommes les plus expérimentés, il nous a paru que la mission était en état de remplir son but; et nos agents sont partis, les premiers, avec M. le commandant Dupré, le 19 mai dernier, sur le *Peluse*, des messageries impériales, et, les derniers, avec M. Lambert, le 28 mai, sur *le Lavalette*, de la Compagnie péninsulaire et orientale.

La mission est arrivée heureusement à Alexandrie, ensuite à Suez. Nous avons reçu à la date des 26 mai et 5 juin de bonnes nouvelles des excellentes dispositions de tout le monde; d'après ces lettres le récolement du matériel, fait à Suez, a constaté la présence à bord de tous les objets expédiés de Paris.

Ce rapport serait incomplet, si nous ne vous rappelions les conditions financières dans lesquelles notre Compagnie a été constituée et si nous ne placions sous vos yeux le compte des dépenses effectuées jusqu'à ce jour.

Le fonds social a été fixé par l'article 5 des Statuts à 50 millions de francs, divisés en cent mille actions de 500 francs chacune.

Il n'a été créé, quant à présent, que 5,000 actions, représentant la somme de 2,500,000 francs, et donnant droit à des avantages spéciaux en faveur de leurs souscripteurs.

Le Conseil d'administration a été en outre autorisé à émettre un supplément de 1,000 actions, représentant un capital de 500,000 fr. et appelées à jouir des mêmes droits que les 5,000 actions déjà émises.

Sur ces 5,000 premières actions, il a été effectué chez MM. Seillière et Cie, banquiers de la Compagnie, un versement de 250 francs par action, soit : 1,250,000 francs qui ont été portés en compte courant à notre crédit au taux de 3 0/0 d'intérêt.

Les dépenses se sont élevées jusqu'à ce jour à la somme de 420,069 fr. 23 c. divisée comme suit :

§ 1er.

Remis à M. Lambert pour le roi, pour M. Laborde et pour lui-même, en exécution du traité de cession de la charte (acte et quittance du 8 mai 1863)...................... 250,000 fr. » c.

§ 2.

Cadeaux destinés au roi, à la reine,
aux chefs hovas et indemnités pour
dépenses extraordinaires occasion-
nées pendant le voyage.......... 37,107   60

§ 3. — *Personnel.*

Frais d'entrée en campagne.... 3,300   »
Indemnités d'assurances personnelles 8,800   »

A Reporter...... 12,100   287,107 fr. 60 c.

Report.......	12,100	»	287,107 60
Avances et traitements........	23,599	97	
Frais de voyage du personnel...	15,674	29	
			51,374 26

§ 4. — *Matériel.*

Instruments et outils pour les ingénieurs, les mineurs-sondeurs, les photographes, les niveleurs, le sériciculteur ; approvisionnements spéciaux et cartes..............	36,747	82
Objets de campement, de voyage, armes, etc....................	15,101	50
Dépenses médicales...........	2,510	45
Frais de transport du matériel...	12,658	35
Frais d'assurance du matériel et des fonds....................	3,254	25

70,272 37

§ 5. — *Frais généraux.*

Frais d'enregistrement et de notaire, frais d'imprimerie, de déplacement en France du personnel de la mission....................	8,763	90
Personnel et matériel du bureau central, menues dépenses.......	2,551	10

11,315 »

TOTAL............... 420,069ᶠ 23ᶜ

En résumé, les versements effectués sur les 5,000 actions de fondation s'élèvent à.........	1,250,000	»
Les dépenses à....................	420,069	23
Il reste à l'actif au 30 juin...............	829,930ᶠ	77ᶜ

Sur cette somme il a été remis au commandant Dupré, pour faire face aux dépenses de la mission d'exploration.... 391,000ᶠ   »

Tel est, Messieurs, l'exact procès-verbal de ce qui a été fait depuis la fondation de la Compagnie jusqu'au jour du départ de la mission d'exploration. La Compagnie a été constituée par le décret du 2 mai, et le 19 du même mois, dix-sept jours seulement après notre existence légale et officielle, les membres de la mission s'embarquaient à Marseille. Appuyé sur le concours que vous m'avez donné avec un empressement et une bienveillance dont je m'honore, et sur votre approbation dans nos délibérations presque quotidiennes, j'ai pu agir rapidement et préparer la campagne actuelle.

J'espère, Messieurs, dans toutes les mesures prises, avoir fidèlement exécuté les décisions et interprété les vues du Conseil d'Administration. J'avais aussi à cœur, je suis heureux de le dire, de répondre, autant qu'il était en moi, à l'auguste confiance qui m'avait chargé de réunir les éléments de cette vaste entreprise.

Paris, le 1ᵉʳ juillet 1863.

Présenté par le gouverneur,

Approuvé par le Conseil d'Administration,

Le gouverneur,
Baron Paul de Richemont.

Paris. — Imp. Paul Dupont, rue de Grenelle-St-Honoré, 45. (2041)